CATALOGUE

RAISONNÉ

DES TABLEAUX

DE LA GALERIE

De feu M. le Maréchal-Général SOULT

DUC DE DALMATIE

CE CATALOGUE SE DISTRIBUE

A PARIS

Chez MM. les Commissaires-Priseurs et Experts chargés de la vente;

Dans les Départements et à l'Étranger

Dans les Villes suivantes :

LONDRES.	Nieuwenhuys.
»	Smith, New-Bond street.
»	Farer.
»	Mawson, 3, Berners-S.-Oxford street.
»	Colnaghi, marchand d'estampes.
EDIMBOURG	Blanck, libraire.
DUBLIN	Wattkins, marchand de tableaux.
BRUXELLES	Heris.
»	Leroy.
ANVERS	Verlinden.
AMSTERDAM	Brondgheest.
»	Dewries.
LAHAYE	Enthoven.
ROTTERDAM	Lamme.
COLOGNE	Lorent, marchand de tableaux.
VIENNE	Artaria et compagnie.
BERLIN	Reimer.
MUNICH	Brulliot, conservateur du Musée.
DRESDE	Arnold, marchand d'estampes.
LEIPSICK	Brockhaus et compagnie.
FRANCFORT	Wimpfen et Goldschmidt, antiquaires.
HAMBOURG	Commeter, marchand d'estampes.
MANHEIM.	Artaria et Fontaine.
SAINT-PÉTERSBOURG,	Von Regmorter.
ROME	Durantini, peintre.
FLORENCE	Riccieri.
GÊNES.	Isola, peintre.
MILAN.	Vallardi.
TURIN.	Bucheron, peintre.
VENISE	Sanquerico.
GENÈVE	Managa frères, marchands d'objets d'art.
BERNE	Burgdorfer, marchand d'estampes.
BALE	Schruber et Walz, marchands d'objets d'art.
LYON	Haet, marchand d'estampes.
LILLE.	Tancé.
ROUEN	Billard, marchand de curiosités.
MARSEILLE	Petit-Bergons.

CATALOGUE
RAISONNÉ
DES TABLEAUX

DE LA GALERIE

De feu M. le Maréchal-Général SOULT

DUC DE DALMATIE

Dont la vente aura lieu

A PARIS

DANS L'ANCIENNE GALERIE LEBRUN

Rue du Sentier, 8

LES MERCREDI 19, VENDREDI 21 ET SAMEDI 22 MAI 1852

Par le ministère de

MM^{es} BONNEFONS DE LAVIALLE et BEAURAIN, Commissaires-Priseurs

ET SOUS LA DIRECTION DE

MM. **GEORGE**, ancien Commissaire-Expert du Musée du Louvre

et Ferdinand **LANEUVILLE,** Peintre-Expert

EXPOSITION PUBLIQUE

Les Dimanche 16, Lundi 17 et Mardi 18 Mai

Paris

IMPRIMERIE DE GUIRAUDET ET JOUAUST

RUE SAINT-HONORÉ, 338

1852

AVANT-PROPOS.

La célébrité de la Galerie de feu M. le maréchal-général Soult, duc de Dalmatie, est européenne. Sa réputation était celle d'un Musée, plutôt que celle d'une collection particulière; et l'émotion générale qu'a excitée partout l'annonce de sa vente suffirait à constater son importance. Cette nouvelle a eu l'éclat et le retentissement d'un événement; et pour le monde des arts, on peut dire que cette vente est, en effet, un de ces événements qui ne se renouvellent peut-être pas deux fois dans le cours d'un siècle.

La Galerie de feu M. le maréchal Soult doit sa renommée, non seulement aux chefs-d'œuvre dont elle abonde, mais encore à la spécialité de ces chefs-d'œuvre, dont la plupart appartiennent à l'Ecole espagnole. Hors de l'Espagne, elle est la seule, parmi les Musées comme parmi les collections particulières, qui renferme un pareil nombre d'œuvres des grands maîtres de cette école. Elle compte quinze Murillo, qui tous sont des morceaux capitaux, soit par l'importance de leur composition, soit par l'excellence de leur qualité, et parmi lesquels se trouvent des toiles de premier ordre dans l'œuvre du maître, telles que *la Conception, la Nativité de la Vierge, la Fuite en Égypte, le Saint Pierre-aux-liens*, etc., etc. Elle compte encore dix-huit Zurbaran du plus grand style, et de la meilleure manière du peintre; quatre compositions de Ribera; sept tableaux de choix d'Alonzo Cano; deux chefs-d'œuvre de Fernandez

Navarette et d'Herrera le vieux; des morceaux remarquables de Sanchez Coello, Llanos Valdès, Ribalta, Herrera le jeune, etc., tous peintres d'une rareté extrême et presque inconnus hors de l'Espagne.

Deux raretés inappréciables de cette collection, ce sont les tableaux de Moralès et de Sébastien del Piombo. *La Voie des douleurs*, de Moralès, est connue comme le chef-d'œuvre d'un maître dont la plupart des galeries ne possèdent que de faibles imitations. Quant au *Christ portant sa Croix*, de Sébastien del Piombo, le nom seul du peintre dit assez haut que c'est là un tableau unique dans une collection particulière et dont il serait impossible de rencontrer ailleurs l'équivalent.

Nous appellerons encore l'attention des amateurs sur *le Denier de César*, du Titien, tableau du plus grand choix et de la plus belle qualité du maître. Quant aux autres tableaux qui figurent dans la collection, qu'il nous suffise de dire qu'on rencontre parmi eux des productions des peintres les plus estimés de ces écoles.

Le temps nous a manqué pour donner à la rédaction du catalogue l'étude, les recherches et l'étendue que réclamaient tant de chefs-d'œuvre. On n'entre pas du premier coup d'œil dans la familiarité du génie des maîtres, et l'appréciation approfondie d'une collection de cette valeur aurait exigé des travaux et des loisirs qu'il nous était impossible de lui consacrer. Notre tâche a donc dû se borner à une description précise des tableaux et à une analyse sommaire de leurs beautés et de leurs qualités caractéristiques.

Qu'il nous soit permis en terminant d'exprimer le regret que nous éprouvons à l'idée que la plupart des chefs-d'œuvre de cette belle galerie sont probablement destinés à sortir de France. Depuis un demi-siècle, presque tous les tableaux capitaux des Ecoles italiennes que renfermaient nos anciennes collections princières et particulières ont passé à l'étranger. La passion, très justifiée du reste, mais trop exclusive, qui entraîne nos amateurs vers les séduisantes productions de l'Ecole flamande, semble les détourner des Ecoles à grand style et à grande manière, les seules qui aient élevé l'art au sublime de l'expression et à l'idéal de la beauté.

Nous espérons, cependant, que quelques uns des chefs-d'œuvre de la collection du maréchal Soult resteront en France.

Il en est dont les maîtres manquent à l'illustration du Louvre; l'Administration regretterait un jour d'avoir laissé échapper l'unique occasion qui se présentera peut-être jamais à elle de les acquérir. Nous croyons devoir aussi faire un appel aux conservateurs des Musées de province. Ils trouveront, parmi les tableaux de cette galerie, le plus grand choix d'œuvres de maître et de hautes écoles qu'une vente publique puisse offrir, et surtout ce caractère d'élite et cette certitude d'authenticité qui manquent trop souvent à leurs acquisitions.

CATALOGUE
DES TABLEAUX
DE LA GALERIE
De feu M. le Maréchal-Général SOULT.

Ecole Espagnole
CLASSÉE PAR ORDRE CHRONOLOGIQUE.

VARGAS (Louis de).

Né à Séville en 1502, mort en 1568.

1. *Saint Jean et saint Paul.* — 1 bis. *Saint Jacques et saint Barthélemi.*

Deux tableaux. Le premier représente saint Jean et saint Paul debout. Le second, faisant pendant, représente saint Jacques et saint Barthélemy, également debout. Ces quatre saints sont désignés par leurs attributs.

Les figures, de demi-grandeur, sont d'un beau caractère, et accusent des études sérieuses d'après les grands maîtres florentins.

Bois. Haut. 1ᵐ,12 ; larg. 0ᵐ,84.

JOANÈS (Vincent).

Le Coryphée de l'Ecole de Valence ; né en 1523, mort en 1579.

2. — *Ecce homo.*

Le Christ, vu à mi-corps, est dépouillé de ses vêtements. Sa tête est couronnée d'épines ; ses mains, liées par une corde passée autour de son cou, soutiennent le sceptre de roseau.

L'expression de cette tête est d'une souffrance et d'une résignation pénétrantes ; l'exécution, large et grasse dans les masses, est d'une précieuse délicatesse dans les détails.

Bois. Haut. 0ᵐ,63 ; larg. 0ᵐ,91.

FERNANDEZ DE NAVARETTE (Jean).

Surnommé *el Mudo* ; né vers 1526, mort en 1579.

3. — *Abraham offrant l'hospitalité aux Anges.*

Abraham, prosterné devant les trois anges, qu'il vient de reconnaître à la majesté surhumaine de leur attitude, les supplie d'accepter l'hospitalité dans sa maison. Sara, debout sur le seuil de la porte, regarde les messagers célestes avec une expression d'anxiété craintive. L'horizon est chargé de nuages, l'atmosphère embrumée d'une vapeur brûlante. Le soleil transperce le feuillage d'un grand chêne ombrageant l'habitation d'Abraham, et colore la scène d'un jour surnaturel. Il attaque, pour ainsi dire, les personnages par coups de lumière saccadés qui frappent les figures, frisent les contours, détachent en clair les extrémités et miroitent en glacis dorés sur la robe jaunâtre d'Abraham et les tuniques violacées des anges. L'effet de cette illumination mystérieuse est d'un prestige inexprimable. Le reste de la composition transparaît sous un voile de demi-teintes d'une suavité vaporeuse. La figure de Sara est rejetée dans l'ombre, mais dans une ombre chaude et transparente qui la colore sans la dérober. La beauté de l'exécution, l'éclat du coloris, complètent l'effet de cette admirable toile.

On a lieu d'être étonné, à la vue d'un pareil chef-d'œuvre, de l'oubli dans lequel on laisse encore les époques de l'Ecole espagnole antérieures à Murillo et à Velasquez. Fernandez les a précédés de plus d'un demi-siècle, et cette toile seule suffirait à le classer au rang de ces grands maîtres.

Au reste, le tableau d'*Abraham offrant l'hospitalité aux anges* est historique en Espagne. Palomino, qui appelle Fernandez le Titien espagnol, le signale comme son meilleur ouvrage; Lopez de Véga l'a célébré dans un sonnet, et Quillet, dans son *Dictionnaire des Peintres espagnols*, nous apprend que Philippe II le paya 500 ducats à l'artiste, somme énorme pour l'époque.

Toile. Haut. 2^m,84; larg. 2^m,38.

4. — *Portrait du peintre.*

Vu en buste de trois quarts. Sa tête est couverte d'épais cheveux noirs, sa lèvre ombragée d'une légère moustache. Le regard est fixe, préoccupé, presque soucieux.

Quoique ce portrait, comme l'indique sa physionomie, soit de la jeunesse du peintre, il n'en accuse pas moins déjà le pinceau d'un grand coloriste.

Toile. Haut. 0^m,44; larg. 0^m,32.

MORALÈS (Louis de).

Surnommé *el Divino*; né vers 1509, mort en 1586.

5. — *La Voie de Douleurs.*

Nous avons gardé à ce chef-d'œuvre de Moralès le titre sous lequel il est connu en Espagne et désigné dans plusieurs ouvrages.

Au pied de la croix d'où Jésus vient d'être descendu, la Vierge, navrée de douleur, soutient d'une main la tête endolorie et livide de son fils, dont le front, perlé de sang figé, laisse voir encore des épines restées dans les chairs. Elle porte son autre main contre la poitrine du Sauveur, à l'endroit du cœur, comme pour y chercher une dernière pulsation. Saint Jean et la Madeleine contemplent d'un air de désolation profonde le corps inanimé de leur divin maître. La Vierge est enveloppée d'un manteau qui remonte sur sa tête ; sous ce manteau descend un voile blanc qui se croise en guimpe sur sa poitrine. La Madeleine tient un mouchoir dans ses mains jointes ; ses cheveux tombent en tresses dorées sur ses épaules.

Il est impossible de rendre le sentiment de foi et de ferveur qui anime cette scène pathétique. La tête de la Vierge est sublime de douleur et de pureté virginale ; celle du Christ respire, jusque dans la mort, une indéfinissable expression de miséricorde. Moralès a fait passer dans l'exécution de ce chef-d'œuvre l'onction religieuse de la pensée qui l'a inspiré. Le dessin est pur, coulant, austère, d'une précision savante dans les nus, d'une vérité pénétrante dans la reproduction des marques ou des vestiges de la souffrance. La touche, fondue et caressée à propos, grasse dans les chairs, délicate et arrêtée dans les contours, devient au besoin incisive et brodée dans les détails. C'est, en un mot, et de tout point, une toile merveilleuse, qui a toujours passé en Espagne pour être le chef-d'œuvre de Moralès.

Bois. Haut. 0^m,88 ; larg. 68.

SANCHEZ COELLO.

Né vers 1515, mort en 1590.

6. — *Saint Paul l'ermite et saint Antoine dans le désert.*

Les deux anachorètes sont assis sous un palmier qui ombrage le seuil de la grotte de saint Paul. Celui-ci est vêtu d'une tunique de nattes déchirées ; saint Antoine porte une robe blanche recouverte d'un manteau brun ; il tient en main une tête de mort et le bâton de son pèlerinage. Les deux saints regardent avec un religieux étonnement le corbeau miraculeux qui leur apporte le pain entier que leur envoie la Providence.

Comme nous l'avons dit dans notre première Notice, le peintre s'est abandonné dans ce tableau à toutes les fantaisies d'une exécution souverainement originale. Sa brosse s'y joue, pour ainsi dire, avec une liberté et une franchise magistrales. La rudesse de ses empâtements maniés en vigueur.

d'une brosse saccadée et rapide, contribue singulièrement à la saillie et à l'éclat de l'effet.

Ce tableau a été peint pour le monastère de l'Escurial.

Toile. Haut. 1m,57; larg. 1m,95.

JOANÈS (Jean).
Fils de Vincent.

7. — *Le Sauveur.*

Jésus ressuscité lève une main vers le ciel et tient de l'autre une croix de roseau. Un long manteau rouge clair retombe sur ses épaules, et laisse voir son corps, qui n'est couvert que d'une draperie rattachée en ceinture autour des reins; ses cheveux épars flottent derrière sa tête.

Belle expression de tête, exécution très soignée.

Toile. Haut. 2m,27; larg. 1m,13.

8. — *Le Christ tenant un globe.*

Vêtu d'une tunique rouge drapée d'un manteau bleu, le Sauveur est vu à mi-corps et presque de face. D'une main il montre le ciel; de l'autre il porte un globe surmonté d'une petite croix.

L'attitude de cette figure est d'une imposante majesté, son expression d'une touchante douceur. L'exécution est large, coulante et beaucoup plus avancée que celle du tableau précédent.

Toile. Haut. 1m,16; larg. 0m,92.

LABRADOR (Jean).
Mort en 1600, dans un âge très avancé.

9. — *Des Fleurs.*

Des fleurs de toute espèce rampent élégamment le long d'un bas-relief et d'un vase antique abandonnés dans un site désert. Un canard sauvage et une poule d'eau s'effraient à la vue d'un vautour qui s'abat sur eux.

Arrangement d'un goût exquis, couleur brillante et vraie, exécution des plus habiles.

Toile. Haut. 1m,48; larg. 1m,30.

ROELAS (Jean de las).
Né à Séville en 1560, mort en 1625.

10. — *La Vierge au rosaire.*

La Vierge descend du ciel les pieds sur le croissant, au milieu d'une

Gloire semée de têtes de chérubins, et apparaît à un saint jésuite agenouillé, un livre à la main, dans le coin du tableau. La Mère de Dieu incline doucement la tête vers son serviteur; ses blonds cheveux descendent en tresses éparses sur son manteau, rattaché à ses épaules par un fermoir de pierreries. Deux anges soutiennent triomphalement sa couronne au dessus de l'auréole d'étoiles qui brille sur sa tête. A travers les nuages lumineux de la Gloire on entrevoit la porte du ciel et l'échelle miraculeuse qui y conduit. Le saint est à genoux sur le devant d'un paysage mystique, orné de toutes les images symboliques des litanies : le rosier, la tour de David, la fontaine, etc. Un petit ange se mire dans le miroir de justice.

Cette ingénieuse composition séduit les yeux par son imagination pittoresque et l'effet doux et vaporeux de sa couleur; les expressions sont simples et naturelles, l'attitude de la Vierge pleine de douceur et de dignité.

Toile. Haut. 2m,85; larg. 1m,74.

RIBALTA (Francesco).
Né vers 1551, mort en 1628.

11. — *La Cène.*

Le moment choisi par le peintre est celui où Judas se révèle en mettant la main dans le plat, alors que le Christ déclare que celui qui le trahira est celui qui porte la main au plat avec lui.

Les attitudes agitées et les gestes énergiques des apôtres rendent avec beaucoup de force et de naturel les impressions diverses de stupeur ou d'indignation qu'ils ressentent aux paroles du Christ. Quoique d'une petite proportion, ces figures sont d'un très haut style et accusent une étude sérieuse des grands maîtres italiens.

Toile. Haut. 0m,45; larg. 1m,07.

CASTILLO (Ecole de Jean del).

12. — *Conversion de saint Mathieu.*

Cinq figures de grandeur naturelle, à mi-corps.

Toile. Haut. 1m,17; larg. 1m,47.

PACHECO (François).
Né à Séville en 1571, mort en 1654.

13. — *La Mort d'Abel.*

Eve se penche sur le cadavre d'Abel, qu'elle inonde de ses larmes, en le soutenant sur ses genoux. Adam, debout et appuyé sur un bâton noueux, contemple d'un œil morne cette scène de deuil et de douleur. Composition d'un grand effet pathétique.

Toile. Haut. 2^m,12 ; larg. 1^m,62.

HERRERA LE VIEUX (François).

Né à Séville en 1576, mort en 1656.

14. — *Saint Basile dictant sa doctrine.*

L'archevêque de Césarée, assis au centre de la composition, dicte à une assemblée de religieux groupés autour de lui les inspirations qu'il reçoit de l'Esprit-Saint. Diégo, évêque d'Osma, l'un des premiers inquisiteurs, est à la droite de saint Basile ; saint Bernard, abbé de Citeaux, à sa gauche. Au dessous, on reconnaît saint Dominique et saint Pierre dominicain, son compagnon. Six autres religieux assistent à l'enseignement du Père de l'Eglise. Tous écoutent et transcrivent sous sa dictée ses paroles avec un empressement religieux.

Quelques historiens de l'École espagnole rapportent qu'Herrera se livrait à la peinture avec une sorte de fureur enthousiaste ; ils racontent encore qu'il dessinait avec des joncs et peignait avec un balai. On serait tenté de prendre cette hyperbole à la lettre, à la vue de ce prodigieux tableau, dont l'exécution est portée au plus haut degré d'effet qu'il soit peut-être donné à la peinture d'atteindre. Cette incroyable énergie d'ensemble n'est pas seulement une illusion d'optique ; elle n'enlève rien, ni à la correction des formes, ni à la justesse du modelé, ni à la précision des détails, qui, de près comme de loin, sont écrits avec la plus nette et la plus expressive vigueur. Pour produire cet étonnant effet, le peintre n'a eu recours ni aux prestiges des grands contrastes, ni aux repoussoirs du clair-obscur ; c'est de la force seule de son pinceau qu'il a tiré cette puissance sans égale de rendu et d'imitation.

Ce tableau est appelé à tenir une place d'honneur dans un des grands musées européens, où il représentera, par une œuvre hors ligne, un maître jusqu'ici peu connu hors de l'Espagne.

Toile. Haut. 2^m,45 ; larg. 1^m,94.

RIBERA (Joseph), dit L'ESPAGNOLET.

Né à Saint-Philippe, près Valence, en 1588; mort à Naples en 1669.

15. — Sainte-Famille.

L'Enfant-Jésus est endormi sur les genoux de Marie, qui le soutient d'une main, et de l'autre soulève le voile qui le couvrait, pour le montrer à saint Joseph. La physionomie de la Vierge exprime une douce joie, contenue et obscurcie par la vague tristesse d'un pressentiment. Saint Joseph, occupé devant son établi à équarrir un morceau de bois avec une hachette de charpentier, jette sur l'enfant un regard de pieuse tendresse. Le petit saint Jean, debout derrière Jésus, et appuyé sur sa croix de roseau, regarde avec une gravité recueillie. Une corbeille d'osier chargée de linges est aux pieds de la Vierge ; une scie et un rabot au bas de l'établi.

Cette composition capitale, dont les figures sont forte nature, offre un rare et bel exemple de la manière claire de Ribera. Elle est d'une couleur blonde et dorée, et les figures y sont en pleine lumière. C'est à peine si quelques ombres minces et légères effleurent çà et là les contours des carnations pour relever leur modelé. L'exécution n'est pas moins en dehors de la manière habituelle de Ribera : l'énergie de son pinceau est ici tempérée par une touche limpide et fondue ; le dessin est pur, coulant, facile ; c'est, en un mot, un tableau exceptionnel de qualité et de manière dans l'œuvre de Ribera.

Toile. Haut. 2m,60; larg. 2m,07.

16. — Saint Sébastien secouru par sainte Irène.

Le saint martyr, encore attaché par les bras au poteau du supplice, gît étendu à terre sur son manteau. Sa tête, renversée en arrière, se tourne vers le ciel. Sainte Irène, agenouillée auprès de lui, retire doucement de ses blessures les flèches dont il vient d'être transpercé. Sa suivante tient un linge et un flacon de baume. Deux anges descendant du ciel apportent une palme et une couronne au martyr.

Un excellent ton de couleur, un peu voilé par la crasse, des poses naturelles, des raccourcis justes et bien sentis, un dessin sûr et correct, caractérisent ce tableau, d'un effet tout caravagesque.

Gravé dans RÉVEIL, t. II, pl. 133.

Toile. Haut. 1m,82; larg. 2m,32.

17. — Délivrance de saint Pierre.

Le saint, enchaîné dans sa prison, est réveillé en sursaut par l'ange qui lui apparaît sur un nuage et lui annonce sa délivrance.

Morceau d'un grand effet, et traité, comme le précédent, dans la manière du Caravage.

Toile. Haut. 1m,73; larg. 2m,40.

18. — Jésus portant sa Croix.

Le Christ, la tête ensanglantée sous les épines de sa couronne, et conduit, la corde au cou, par un bourreau qui tient une trompette à la main, s'avance vers le Calvaire, accablé sous le poids de sa croix, que soutient Simon. Un homme coiffé d'un turban porte derrière lui un maillet de bois sur lequel on lit : *Jesus Nazarenus rex Judeorum*. La Vierge et saint Jean, en pleurs, marchent à côté du Christ.

Ouvrage exécuté dans la manière et dans le sentiment des deux tableaux qui précèdent. Il est du pinceau le plus soigné et le plus étudié du maître.

Toile. Haut. 1m,27; larg. 1m,85.

19. — Saint Pierre repentant.

Figure entière. Le saint pleure dans une grotte.

Toile. Haut. 1m,48; larg. 1m,16.

20. — La Vierge et l'Enfant-Jésus.

Figures à mi-corps.

Toile. Haut. 0m,77; larg. 0m,65.

RIBERA (Ecole de).

21. — Tête de saint Pierre.

La figure exprime une profonde douleur.

Toile. Haut. 0m,67; larg. 0m,52.

ZURBARAN (François).

Né en Estramadure, en 1598, mort en 1662.

22. — Saint Pierre Nolasque et saint Raymond de Pegnafort.

Zurbaran a peint à Séville, pour le couvent des Pères de la Mercy chaussés ; une série de tableaux représentant l'histoire de saint Pierre Nolasque, fondateur de cet ordre.

Celui-ci nous montre saint Pierre Nolasque siégeant au milieu du chapitre de Barcelone, présidé par saint Raymond, grand-vicaire de ce chapitre, et l'un des promoteurs de l'ordre de la Mercy.

Extrait du Musée RÉVEIL, tome 14, planche 957.

Toile. Haut. 2m,42 ; larg. 2m,21.

23. — *Le Miracle du Crucifix.*

Ce tableau appartient à la même série que le précédent. Dans une cellule meublée d'un fauteuil, d'une table et de quelques rayons chargés de livres de théologie, un moine franciscain soulève un rideau pour montrer à saint Pierre Nolasque un Crucifix miraculeux, qui a pris la forme et la ressemblance réelle de Jésus mourant sur la croix. Quatre autres franciscains assistent à la révélation du miracle.

Le bas du tableau porte la signature du peintre ainsi figurée : *F. D. Zurbaran*, 1629.

Toile. Haut. 2m,41 ; larg. 2m,61.

Ces deux compositions suffiraient à justifier le rang que Zurbaran occupe dans l'École espagnole. Elles sont sagement conçues et traitées d'une grande manière. La couleur est d'une vigueur calme et pleine d'harmonie ; l'effet, d'une simplicité austère, est d'une frappante vérité locale. On ne saurait trop admirer l'énergie et la variété des airs de tête, et le beau style des draperies, dont les grands et larges plis modèlent toujours les formes qu'elles recouvrent, tant elles sont souples et mouvantes dans leur ampleur.

24. — *Funérailles d'un évêque.*

Le corps de l'évêque, revêtu de ses habits pontificaux, est étendu, les mains jointes, sur un lit de parade. Un chapeau de cardinal est déposé à ses pieds, en signe de la dignité qui lui était réservée. Un religieux place un crucifix entre ses mains. Un pape, suivi d'un évêque, et accompagné d'un souverain, le front ceint de sa couronne, vient rendre un dernier hommage à la dépouille mortelle du saint prélat. Deux moines franciscains sont agenouillés au pied du lit funèbre, qu'entourent des religieux de différents ordres. Leurs physionomies expriment toutes les nuances du regret et du recueillement.

Ce tableau appartient encore à la série de l'histoire de saint Pierre

Nolasque. Nous regrettons de ne pouvoir donner de son sujet une explication plus précise. Le temps nous a manqué pour les recherches nécessaires à une indication complète et positive. Quant au mérite du tableau, on y retrouve toutes les qualités que nous avons signalées dans le précédent, et, de plus, un de ces partis pris d'effet qui attirent irrésistiblement le regard, et que Zurbaran semble avoir empruntés au Caravage.

Toile. Haut. 2^m,45; larg. 2^m,21.

25. — Communion d'un saint.

Le saint est couronné d'une auréole, et sa poitrine découverte porte l'empreinte miraculeuse d'un cachet mystique; il est couché dans un grand lit à baldaquin et à rideaux rouges dressé sur une estrade, et se retourne vers un archidiacre qui lui tend l'hostie du saint viatique. Deux franciscains, un capucin et un autre religieux, sont agenouillés, cierges en main, autour du lit. Derrière eux, les deux acolytes de l'archidiacre se tiennent debout, auprès d'un autel. Au bas de l'estrade, un personnage vu à mi-corps et de profil apporte une riche aiguière sur un plateau ciselé. Dans le fond, on aperçoit l'intérieur d'une bibliothèque.

Ce tableau, où se retrouvent toutes les qualités d'expression et d'exécution que nous avons déjà signalées dans les œuvres précédentes de Zurbaran, s'en distingue par un effet plus brillant et une lumière plus répandue. La figure vue à mi-corps au bas de l'estrade est du plus beau style et de la plus fière tournure.

Toile. Haut. 3^m,0; larg. 3^m,17.

26. — Saint Antoine.

Figure en pied.

Le saint anachorète, vêtu d'une robe blanche recouverte d'un manteau brun drapé à larges plis, se promène dans le désert, suivi du cochon noir que la légende appelle son fidèle compagnon. Saint Antoine tient à la main son bâton et son chapelet. Une barbe blanche flotte sur sa poitrine.

Cette figure et les deux suivantes se caractérisent par la sévère élévation du style et l'expression accentuée des airs de tête. L'énergie de leur exécution a cela de particulier qu'elle s'allie à une précision inflexible de dessin et de rendu, et ne s'abandonne jamais à aucun écart de facilité.

Toile. Haut. 2^m,82; larg. 2^m,21.

27. — Saint Laurent.

Figure en pied.

Le saint archidiacre, revêtu de ses habits sacerdotaux, est représenté les yeux levés au ciel. Sa main droite est crispée sur sa poitrine; il tient de l'autre main le gril de son martyre. Le fond du paysage offre une vue de la campagne de Rome.

Ces deux tableaux de saint Antoine et de saint Laurent ont été peints pour le couvent des Mercenaires déchaussés. Ils sont cités dans le *Dictionnaire des peintres espagnols* comme deux œuvres capitales du maître.

Toile. Haut. 2^m,94; larg. 2^m,27.

28. — Saint Romain et saint Barulas.

Figures en pied.

Saint Romain remplissait l'office d'exorciste dans une église de Césarée. Il semble que le peintre ait voulu exprimer l'état d'inspiration sacrée, prérogative de cette fonction merveilleuse, dans le saint enthousiasme qui anime la tête du martyr. Il est vêtu d'une large chappe, brodée d'or et d'argent. D'une main il soutient un missel; de l'autre il montre sa langue, arrachée par ordre de Dioclétien. Le jeune Barulas, les mains jointes, contemple le saint avec une pieuse admiration.

Ce tableau est, comme les précédents, du plus beau faire de Zurbaran.

Toile. Haut. 2^m,50; larg. 1^m,87.

29. — L'Ange Gabriel.

Figure en pied.

Les yeux levés au ciel, il marche sur le devant d'un paysage solitaire, tenant en main une baguette appuyée sur son épaule. Il est vêtu d'une robe rose recouverte d'un surplis blanc, agrafé par des rosaces d'or; de longs cheveux bouclés, d'un blond doré, encadrent son gracieux visage.

Ce tableau et les figures en pied que nous allons décrire sont de la facture la plus accomplie et la plus étudiée du maître. Toutes se recommandent par l'éclat du coloris et l'entente exquise et grandiose du jet des draperies; partie de l'art dans laquelle, comme on le sait, excellait particulièrement Zurbaran.

Toile. Haut. 1^m,43; larg. 0^m,59.

30. — Sainte Euphémie.
Figure en pied.

La figure de la sainte respire une angélique sérénité. D'une main elle tient une scie; l'autre main repose sur sa poitrine. Elle porte une robe rose foncé, recouverte d'un large manteau bleu.

Toile. Haut. 1^m,70; larg. 1^m,03.

31. — Sainte Lucie.
Figure en pied.

Elle porte un plat sur lequel sont déposés ses yeux, emblème expressif de son martyre; son vêtement consiste en une robe de soie de couleur violette, à manches jaunes et bordée de perles, autour de laquelle flotte élégamment une écharpe rouge à franges d'or.

Toile. Haut. 1^m,13; larg. 0^m,64.

32. — Sainte Apolline.
Figure en pied.

Elle montre d'une main une tenaille qui serre entre ses branches une dent arrachée, signe de son martyre. Son costume est de la plus précieuse élégance. Un surtout rouge descend jusqu'à ses genoux, et se détache sur une jupe de satin jaune. Un manteau de soie bleue attaché sur sa poitrine par une riche agrafe retombe derrière ses épaules.

Toile. Haut. 1^m,13; larg. 0^m,64.

33. — Sainte Ursule.
Figure en pied.

Elle élève en l'air une lance, l'arme avec laquelle les Huns la massacrèrent, ainsi que ses compagnes. Sa robe bleue est recouverte d'une autre robe jaunâtre attachée par une ceinture garnie de pierreries.

Toile. Haut. 1^m,70; larg. 1^m,05.

34. — Sainte Agathe.
Figure en pied.

Elle porte sur un plat ses deux mamelles coupées, indice de son martyre. Son costume est d'une singulière richesse de couleurs. Le jupon est violet, les manches jaunes et le corsage bleu. Un manteau rouge complète la magnificence de ce vêtement splendide.

Toile. Haut. 1^m,70; larg. 1^m,05.

35. — Une Sainte.
Figure en pied.

Sa tête est ceinte d'un diadème d'où s'échappent de longs cheveux noirs qui flottent sur ses épaules. Elle relève d'une main sa robe de brocard tissue d'or et d'argent, que recouvre un manteau violet.

Toile. Haut. 1^m,70; larg. 1^m,05.

36. — Une autre Sainte.
Figure en pied.

Elle est tournée de profil, appuyée sur un levier symbolique, et les yeux levés au ciel. Son costume se compose d'une robe de soie verte, que recouvre un surtout de soie brochée d'or et d'argent, et à laquelle se rattache un manteau rose tombant jusqu'à terre,

Toile. Haut. 1^m,70; larg. 1^m,05.

37. — Saint Blaise.
Figure en pied.

L'évêque de Sébaste est représenté debout et de profil, la mître en tête et la crosse en main. Il regarde fixement devant lui.

Toile. Haut. 0^m,89; larg. 0^m,30.

38. — Un Chartreux.
Figure en pied.

Le saint moine abaisse des regards méditatifs sur une tête de mort qu'il tient entre ses mains; son capuchon relevé frappe son visage d'une ombre portée dont la vigueur fait un contraste très pittoresque avec la couleur claire de son vêtement.

Toile. Haut. 0^m,89; larg. 0^m,30.

39. — *Portrait d'un saint militaire espagnol.*
Figure en pied.

Il est debout, la tête coiffée d'un bonnet de velours que surmonte un panache de plumes blanches. De longs cheveux noirs, des moustaches retroussées en pointe, et une touffe de barbe qui ombrage son menton, rehaussent encore le caractère martial de sa physionomie. Il tient de la main droite un bâton de commandement; sa main gauche s'appuie sur le pommeau de son épée. Un petit manteau rouge est jeté en sautoir sur sa cuirasse. Ses jambes plongent dans de larges bottes de cuir jaune qui remontent jusqu'à ses genoux. L'auréole qui entoure sa tête indique que ce portrait est celui d'un saint.

Le riche costume de cette figure est rendu dans tous ses détails avec une grande supériorité.

Toile. Haut. 1^m,43; long. 0^m,59.

40. — *Sainte Catherine.*

Elle est représentée à mi-corps, tenant un glaive d'une main et une palme de l'autre. Sa coiffure et son costume sont ajustés avec autant de goût que d'élégance.

Cette figure est d'une belle tournure et d'une noble expression.

Toile. Haut. 0^m,83; larg. 0^m,63.

41. — *L'Incrédulité de saint Thomas.*

La tête du Christ et celles des trois disciples, rapprochées l'une de l'autre, sont pleines de vigueur et d'expression.

Toile. Haut. 1^m,16; larg. 1^m,58.

ALONZO CANO.

Né à Grenade en 1601, mort en 1667.

42. — *Un évêque donnant la communion à une jeune fille.*

La scène se passe dans l'intérieur d'une église, au pied d'un autel. Un évêque, revêtu de ses habits pontificaux, présente l'hostie à une jeune fille agenouillée devant lui. La jeune communiante, enveloppée dans un ample manteau bleu, et les mains recouvertes de la nappe eucharistique, s'apprête avec une ferveur ineffable à recevoir le pain consacré. Deux anges font auprès de l'évêque la fonction d'acolytes; l'un d'eux tient le ciboire.

L'angélique expression des physionomies, la suavité brillante de la couleur, recommandent cette belle composition, empreinte d'un sentiment profond d'onction religieuse.

Toile. Haut. 0ᵐ,87 ; larg. 0ᵐ,43.

43. — *Vision de saint Jean.*

Ce tableau et les deux suivants font partie d'une série de compositions tirées de l'Apocalypse.

Ici, saint Jean est représenté enlevé sur une haute montagne par un ange qui lui montre la Jérusalem céleste.

Gravé au trait dans l'ouvrage de Réveil, tome 2, pl. 123.

Toile. Haut. 0ᵐ,85 ; larg. 0ᵐ,45.

44. — *La Vision de l'Agneau.*

Saint Jean aperçoit l'Agneau tenant le rouleau dont il vient de rompre les sept sceaux. La tête du saint resplendit d'exaltation visionnaire.

Réveil, tome 3, pl. 196.

Toile. Haut. 0ᵐ,73 ; larg. 0ᵐ,40.

45. — *La Vision de Dieu.*

Le Père éternel, assis sur son trône, descend du ciel, escorté par deux archanges aux ailes déployées. Saint Jean contemple la vision céleste dans un ravissement de sainte béatitude.

Toile. Haut. 0ᵐ,73 ; larg. 0ᵐ,40.

Ces trois tableaux d'Alonzo Cano se distinguent par un dessin pur et spirituel, un goût charmant de draperies, des poses naturelles, de vives expressions de physionomie, et une exécution ferme, brillante et accentuée.

46. — *Saint Jean.*

Le saint, tête nue, assis et vêtu d'une tunique blanche sur laquelle se détache un manteau d'un rouge violacé, tient de la main droite un vase d'or d'où s'élance un dragon symbolique. Sa main gauche est levée, et fait un signe d'indication solennelle. L'expression de son regard est celle d'une attention méditative.

Toile. Haut. 0ᵐ,49 ; larg. 0ᵐ,35.

47. — Saint Jacques.

Assis et vu de trois quarts, vêtu d'une robe violacée que recouvre un manteau vert, le saint indique de sa main droite un objet invisible; de l'autre il tient son bourdon et un parchemin déployé sur ses genoux.

Toile. Haut. 0^m,46; larg. 0^m,35.

48. — Sainte Agnès.

La sainte porte une main sur son cœur; elle tient de l'autre la palme de son martyre. Ses cheveux, élégamment tressés, sont coiffés d'une riche parure de perles et recouverts d'un voile qui flotte sur ses épaules. Elle est vêtue d'une robe jaune-doré, sur laquelle se détachent un corsage de soie noire et la guimpe blanche qui encadre son cou. Devant elle, un agneau est couché sur une table de pierre qui porte le monogramme du peintre.

On retrouve dans cette belle figure toutes les qualités distinctives du talent d'Alonzo Cano: le goût pur du dessin, la noble simplicité du style et cette élégance dans l'ajustement des draperies qu'il devait à ses études approfondies des chefs-d'œuvre de la sculpture antique.

Toile. Haut. 1^m,15; larg. 0^m,90.

CANO (ÉCOLE D'ALONZO).

49. — La Charité.

Elle allaite un enfant; deux autres l'enlacent dans leurs bras.

Toile. Haut. 0^m,36; larg. 0^m,48.

50. — La Foi.

Elle tient une croix d'une main, et de l'autre un calice surmonté d'une hostie.

Toile. Haut. 0^m,36; larg. 0,^{m}48.

PEREDA (ANTOINE DE).

Né à Valladolid en 1599, mort en 1669.

51. L'Enfant Jésus.

Debout sur des têtes de chérubins rangées en gloire autour de lui, l'Enfant-Jésus tient de la main gauche une croix formée de deux branches d'arbre, et de la droite montre le ciel. Un manteau rouge voltige gracieusement sur ses épaules ; sa figure se détache sur le fond azuré du ciel. Les instruments de sa passion, une pomme entourée d'un serpent, et des têtes de morts mêlées à des roses, jonchent le devant du tableau.

Cette composition, qui s'écarte un peu des règles adoptées, ne manque cependant ni de grâce ni de séduction. Les têtes sont charmantes, la couleur suave et brillante, et l'exécution d'un soin et d'un rendu tout particuliers.

Toile. Haut. 2^m,4 ; larg. 1^m,46.

PAREJA (Jean de).

Esclave de Velasquez, né à Séville en 1606, mort en 1670.

52. — *La Conversion de saint Mathieu.*

Saint Mathieu est assis à son comptoir de publicain. Jésus entre suivi de trois de ses disciples ; un personnage assis devant saint Mathieu le regarde avec étonnement. Un scribe et un valet qui range des livres ne sont point distraits de leur travail par l'apparition du Sauveur.

Exécution large et facile, effet juste et d'une parfaite vérité de ton.

Cuivre. Haut. 0^m,54 ; larg. 0^m,70.

LEGOTE (Paul de).

53. — *Saint Jean dans l'île de Pathmos.*

Le saint est vêtu d'une tunique blanche que recouvre un manteau d'un rouge violacé, drapé à larges plis. Il est assis la jambe droite ployée sur la jambe gauche, et soutient de ses deux mains un livre ouvert. Ses regards se fixent sur un ange qui tient une hache et une palme. Sa tête ressort sur un fond lumineux cerné de nuages.

Morceau grassement peint, d'une chaude couleur et d'une belle harmonie d'effet.

Toile. Haut. 1^m,35 ; larg. 1^m,00.

AYALA (Barnabé).

Elève de Zurbaran, mort en 1673.

54. — *Paysan préparant son repas.*

Il émiette du pain dans une jatte de lait placée sur une table à côté d'un *cantaro.* Un panier à provision est suspendu à la muraille.

Toile. Haut. 1^m,5 ; larg. 1^m,16.

— 18 —

ARELLANO (Jean de).
Né en 1614, mort en 1676.

55. — *Des Fruits.*

Grenades, raisins blancs et noirs, pêches et fleurs, déposés dans des vases ou épars sur le plancher.
Toile. Haut. 0ᵐ,66; larg. 0ᵐ,44.

56. — *Le pendant.*

Un canard sauvage, une perdrix rouge et une bécasse, groupés près d'un melon d'eau et autres fruits.
Toile. Haut. 0ᵐ,66; larg. 0ᵐ,40.

MURILLO (Barthélemy-Esteban).
Le prince des peintres espagnols, né à Séville en 1618, mort en 1682.

57. — *Conception de la Vierge.*

La bienheureuse Marie, portée par de légers nuages, est enlevée au ciel, debout sur le croissant symbolique, les mains jointes sur sa poitrine. Elle est vêtue d'une robe blanche qui ondoie sur elle avec l'ampleur et l'abandon d'un voile, et qui s'harmonise merveilleusement avec une éclatante draperie bleue. Sa chevelure flotte sur ses épaules; sa physionomie nage pour ainsi dire dans le ravissement de l'adoration et de l'extase. Des groupes d'anges et de chérubins d'une beauté divine, que la présence de la reine des cieux remplit d'admiration, se jouent autour d'elle. Leur cortège semble s'entr'ouvrir pour ne rien dérober de sa gloire.

Tous les historiographes de l'Ecole espagnole sont unanimes à proclamer cette toile admirable le chef-d'œuvre de Murillo. Jamais peut-être le maître n'a atteint à cette sublimité exaltée de style et d'expression, jamais il n'a prodigué avec une telle magnificence les richesses et les magies lumineuses de sa couleur. *La Conception de la Vierge* n'est pas seulement le chef-d'œuvre de Murillo, c'est encore, on peut l'affirmer sans crainte d'exagérer son admiration, un diamant de lumière, une des merveilles de la peinture, un des premiers tableaux du monde......

Toile. Haut. 2ᵐ,74; larg. 1ᵐ,90.

58. — *Naissance de la Vierge.*

La scène se passe dans une vaste salle au plafond en ogives. Au centre de la composition, une femme âgée et une jeune fille agenouillée auprès d'elle soutiennent dans leurs bras la Vierge, qui vient de naître et qui élève ses petits bras vers le ciel, comme pour le remercier de sa merveilleuse destinée. Deux anges debout derrière la vieille femme se penchent respectueusement pour contempler l'enfant prédestiné. L'un d'eux, les bras croisés sur sa poitrine, semble reconnaître et adorer déjà sa reine dans l'humble fille d'Anne et de Joachim. Deux autres petits anges présentent des linges qu'ils tirent d'une corbeille ; l'un d'eux est distrait de cette occupation par les agaceries d'un jeune chien. Plus en devant, une femme vue de dos et accroupie auprès d'un bassin de cuivre se retourne pour parler à une servante qui apporte des langes. Tout ce groupe est éclairé par l'auréole qui entoure la tête de l'enfant, et qui illumine d'un jour surnaturel toutes les parties que ses rayons vont frapper.

A gauche du spectateur, dans un enfoncement de la chambre, on voit sainte Anne à demi soulevée sur un grand lit à baldaquin et à rideaux rouges. L'expression de sa physionomie est celle d'une douce souffrance tempérée par la joie de sa glorieuse maternité. Elle reçoit la visite de deux de ses parents qu'introduit auprès de son lit saint Joachim, qui la regarde avec une tendre sollicitude. Ces quatre figures apparaissent dans une ombre transparente et chaude qu'atteint à peine une faible lumière provenant d'une fenêtre voisine, et dont le reflet frappe seulement en plein le bas du lit de la sainte.

A l'extrémité opposée de la salle, deux femmes sont occupées à chauffer des linges au feu d'une cheminée ; elles ne sont éclairées que par la vague réverbération du foyer.

Dans le haut de la composition plane sur un nuage lumineux un groupe d'anges et de chérubins qui saluent la nativité de Marie.

Il importait de décrire dans tous ses détails l'ordonnance de cette vaste composition. Elle se divise, comme on voit, en quatre groupes distincts, qui ont chacun leur jour et leur foyer de lumière. On a souvent vanté comme une hardiesse de génie l'idée qu'a eue le Corrége, dans son célèbre tableau de *la Nuit*, d'éclairer sa composition par la lumière qui émane du corps de l'enfant Jésus et qui jette ses rayons sur le visage de la Vierge avant de rejaillir sur les autres personnages. Ici Murillo s'est montré plus hardi encore, car il y a unité d'effet dans l'ingénieuse invention du peintre italien, et cette unité produit toujours une grande illusion. Murillo, au contraire, a multiplié les foyers lumineux dans le tableau que nous décrivons, et il se joue de ces difficultés accumulées à plaisir avec une science de clair-obscur et un charme d'harmonie incomparables. La magie de l'effet ne saurait être poussée plus loin, et l'éclat du coloris, la délicatesse moelleuse de la touche, la morbidesse des chairs, la vérité et la liaison fondue des teintes, tout s'accorde pour faire de cette toile merveilleuse un des premiers chefs-d'œuvre du maître.

Toile. Haut. 1m,84 ; larg. 1m,53.

59. — *Glorification de la Vierge.*

La Vierge, tenant l'Enfant Jésus dans ses bras, s'élève vers le ciel au sein d'une nuée lumineuse, et entourée d'un cortége de chérubins. Trois groupes d'anges aux ailes déployées soutiennent et regardent avec ravissement son assomption triomphale. Sa tête est couverte d'un voile jaune-clair retombant sur une tunique d'un rouge carminé enveloppée dans un grand manteau bleu.

Ce tableau est encore du plus beau faire de Murillo, de son pinceau le plus riche et le plus exquis; les anges sont d'une fraîcheur et d'une beauté ravissantes. Mais nous devons déclarer que l'enfant et le buste de la Vierge ont été entièrement peints par une main étrangère *

Toile. Haut. 2^m,40; larg. 1^m,73.

60. — *Fuite en Egypte.*

La Sainte-Famille traverse de nuit un paysage aride. Saint Joseph conduit l'âne sur lequel la Vierge est assise. A son regard presque humain, à la lenteur mesurée de son pas, on dirait que l'intelligent animal comprend de quel précieux fardeau il est chargé. L'Enfant-Jésus, enveloppé dans ses langes, dort sur les genoux de sa mère, qui le soutient de ses deux bras, et le regarde avec une amoureuse sollicitude. Un voile jaunâtre couvre la tête de Marie et retombe sur sa tunique. Saint Joseph, chaussé de sandales, la tête couverte d'un chapeau rustique à larges bords, et chargé d'un sac pendu à son épaule, tourne vers la mère de Dieu des regards de tendresse et de vigilance.

La lumière qui éclaire cette scène émane de la figure de l'Enfant-Jésus; idée empruntée au Corrége, comme nous l'avons déjà fait remarquer, et qui depuis a été souvent reproduite par les peintres de toutes les écoles. Murillo en a tiré ici un parti admirable, et un effet d'une magie égale, peut-être, à celle du tableau de *la Nuit*. Cet effet est soutenu par une pureté de dessin, une noblesse de style et une beauté choisie de formes

---

* Lorsque ce tableau était encore en Espagne, des voleurs s'introduisirent, pendant la nuit, dans le lieu où il se trouvait; mais, ne pouvant l'emporter en entier, ils découpèrent et enlevèrent le buste de la Vierge, avec l'Enfant-Jésus. C'est ainsi qu'il a fallu faire remplacer par une main étrangère la partie qui a été enlevée, et dont la beauté est suffisamment attestée par le reste du tableau, qui, s'il était entier, pourrait être placé à côté de la *Conception.*

Ces deux figures ont été vues plus tard dans le commerce, en France et en Angleterre.

et de contours qui font de ce tableau un chef-d'œuvre accompli. Aussi le peintre l'a-t-il illustré de sa signature.

Gravé dans RÉVEIL, tome 3, pl. 212.

Toile. Haut. 2m,12; larg. 1m,66.

prix)

61. — *Jésus et saint Jean enfants.* 63,000

Les deux enfants sont debout et enlacés dans les bras l'un de l'autre, sur la terrasse d'un charmant paysage. Leurs gracieuses figures respirent la joie et le ravissement d'une amitié céleste. Trois anges voltigent au dessus de leurs têtes, dans un nuage lumineux.

Murillo a prodigué toutes les séductions de son style et toutes les grâces de son pinceau dans l'exécution de cette toile enchanteresse. La touchante naïveté des têtes, l'abandon et le naturel des poses, le frais éclat d'une couleur chaude et dorée, la touche large et facile du paysage, l'effet à la fois suave et piquant de l'ensemble, tout cela fait de ce tableau une perle inestimable de richesse et de perfection.

Toile. Haut. 1m,25; larg. 1m,16.

62. — *Le Christ en croix.* 3,100

La tête de Jésus s'affaisse sur sa poitrine; ses yeux mourants s'abaissent vers la terre; le sang coule de la blessure de son côté. C'est le moment où il va rendre l'âme, car les ténèbres de l'éclipse miraculeuse ont déjà envahi le ciel.

Très bel effet de clair-obscur.

Toile. Haut. 1m,98; larg. 1m,40.

63. — *Saint Antoine de Padoue et l'Enfant-Jésus.* 10,200

Le saint, à genoux sur une terrasse qui domine un paysage agreste, presse l'Enfant-Jésus sur sa poitrine, dans un transport d'amour extatique. L'Enfant répond par de naïves caresses à son étreinte passionnée.

Ce délicieux petit ouvrage est la première pensée du célèbre tableau de la cathédrale de Séville; il nous donne, pour ainsi dire, la primeur de son inspiration. La tête du saint est admirable de ferveur enthousiaste, celle de l'Enfant-Jésus charmante de naïveté et de candeur. L'exécution est d'une suavité délicieuse, le ton des chairs d'une fraîcheur et d'une pureté diaphane, et le vague coloris du fond enlève les figures avec une légèreté merveilleuse.

Toile. Haut. 0m,59; larg. 0m,62.

64. — *Saint Pierre-aux-Liens.*

Saint Pierre, réveillé au bruit de la chute miraculeuse de ses chaînes, voit apparaître l'ange libérateur, qui pénètre dans sa prison. Le messager céleste lui tend la main, et lui montre la porte ouverte à sa fuite. Dans le fond de la prison on aperçoit les gardes endormis.

Cette scène est encore éclairée par la lumière qui émane de l'ange, et qui répète avec le même éclat le surprenant effet de *la Fuite en Égypte*. Cet effet est singulièrement rehaussé par une énergie d'exécution qui ne le cède en rien aux plus vigoureuses peintures de Ribera. Mais Murillo a mêlé la suavité de sa touche à cette force inusitée de facture, et la puissante saillie du modelé ne fait ici que relever le charme et l'harmonie de sa couleur : c'est ce qu'on appelle la manière vigoureuse de Murillo, sa troisième et sa plus parfaite manière.

Toile. Haut. 2^m,40; larg. 2^m,62.

65. — *Repentir de saint Pierre.*

Assis dans un entassement de rochers, les bras croisés sur sa poitrine, le saint apôtre lève les yeux au ciel dans un transport de ferveur et de repentir. Il est vêtu d'une tunique bleue nouée par une corde. Sa poitrine, ses bras et ses pieds sont nus.

Ce tableau semble être un victorieux défi porté par Murillo à Ribera, tant il y confond sa manière avec les empâtements robustes, la touche saillante et la mâle couleur du maître de l'Ecole de Naples. Cette figure grandiose, animée d'une puissance d'expression indescriptible, saisit la pensée en même temps qu'elle étonne le regard.

Toile. Haut. 2^m,12; larg. 1^m,55.

66. — *Miracle de san Diégo.*

Ce miracle, souvent rapporté dans les légendes des ordres monastiques, est celui d'un couvent en disette nourri par des anges. La scène se passe dans l'intérieur d'une cuisine garnie de tous ses ustensiles. Saint Diego appelle le Seigneur au secours de ses religieux. Dieu l'exauce et le ravit en extase. C'est le moment de ce double miracle que le peintre a choisi.

Le saint, en habit de cordelier, est enlevé de terre sur un nuage lumineux. Sa physionomie exprime le ravissement de la contemplation mystique. Deux anges de grandeur naturelle, vêtus de tuniques antiques, sont debout devant lui, et semblent converser entre eux. L'un d'eux tient une cruche à la main ; un troisième écume la marmite où cuit le repas des moines. Le frère cuisinier, assis dans le fond de la salle, regarde avec une stupeur ravie le divin suppléant de son humble office ; un autre ange place des assiettes sur une table. Deux petits envoyés célestes déballent un panier de légumes, un troisième pile dans un mortier.

Deux personnages séculiers en costume de soie noire, conduits par un cordelier, viennent d'entrer dans la salle ; la vue du prodige les arrête sur le seuil de la porte, dans l'attitude du respect et du saisissement.

De ce sujet, à la fois familier et sublime, Murillo a fait un chef-d'œuvre d'expression et de vérité. La tête du saint rayonne de béatitude ; les visages des anges respirent une charité céleste. La distribution des groupes, la pittoresque variété des détails, le jeu contrasté des lumières, tout contribue dans ce tableau à la plus surprenante des illusions qu'il soit donné à l'art de produire. A côté d'une légende espagnole écrite au bas de la toile, on trouve la signature du maître, tracée ainsi sur une bande de papier : — *Bart. Est. Murillo*, 1646.

Toile. Haut. 1m,79 ; larg. 4m,41.

67. — *Scène d'épidémie.*

La scène se passe dans une ville d'Espagne ravagée par la peste. Un moine franciscain, agenouillé aux pieds d'un alcade, le conjure de venir au secours des victimes de l'épidémie. L'alcade recule à l'approche du moine, dont il semble croire l'attouchement contagieux. Une foule de pestiférés, hommes, femmes, jeunes filles et enfants, assis ou appuyés contre les murs des maisons voisines, attendent avec angoisse le résultat de la démarche de leur intercesseur. Leurs figures haves et endolories traduisent tous les symptômes de la souffrance et de l'agonie. Murillo s'est représenté lui-même sous les traits d'un jeune homme au teint basané et aux fines moustaches, debout derrière l'alcade.

La tête du moine est d'un beau sentiment de compassion et d'humilité suppliante ; toutes les autres figures sont remplies d'expression. La vérité de la couleur, la justesse de l'effet local, répondent parfaitement à la simplicité pathétique de la composition.

Cité dans RÉVEIL, t. 4, pl. 225.

Toile. Haut. 1m,78 ; larg. 1m,90.

68. — *L'âme de saint Philippe s'élevant au ciel.*

C'est ainsi qu'une ancienne tradition explique le sujet de ce tableau.

Nous suivrons sa version, quelque obscure qu'elle puisse nous paraître, faute d'avoir une rectification authentique et certaine à lui opposer.

Un moine franciscain montre à plusieurs seigneurs espagnols groupés derrière lui l'âme de saint Philippe s'élevant au ciel entre deux anges, au milieu d'une gloire resplendissante. A gauche on aperçoit une ville qui, si nous continuons à suivre l'indication traditionnelle, serait la ville d'Andrinople, et la flamme d'un bûcher immense qui serait alors celui auquel fut condamné l'évêque d'Héraclée. Les personnages qui entourent le moine manifestent par la vivacité de leurs gestes et de leurs attitudes leur admiration et leur étonnement.

Le ciel et les fonds du tableau sont tenus dans une obscurité complète ; la flamme du bûcher projette seulement de vagues reflets dorés sur la ville et sur les eaux. Mais la gloire qui entoure l'âme du saint frappe directement le groupe auquel elle se révèle, et le colore d'une belle lumière dont le contraste vigoureux des ombres et la richesse des demi-teintes environnantes doublent l'effet et la splendeur. Les têtes, d'un type tout espagnol, sont d'une fierté et d'une force d'exécution merveilleuse.

Ce tableau fait pendant à la Scène d'épidémie, et a été également cité par Réveil, tome 3, pl. 146.

Toile. Haut. 1m,74 ; larg. 1m,88.

69. — *Brigand arrêtant un moine.*

Un brigand demi-nu et à peine couvert de haillons arrête un moine par la corde de son froc et s'apprête à le dévaliser, tout en ployant un genou en terre devant lui. Le moine n'est pas effrayé de cette rencontre, et paraît avertir le bandit qu'il vient de faire une pauvre capture. La scène se passe dans un paysage de montagnes d'un aspect sauvage et grandiose, et près d'un donjon en ruines.

Cette composition, d'une originalité tout espagnole, rentre dans la première manière de Murillo. On y retrouve la touche un peu maigre quoique toujours ferme et spirituelle qui la caractérise, mais aussi cette étude recherchée du dessin, cette puissance de modelé et cette vérité de couleur, qui de la perfection de l'imitation conduisirent bientôt le maître à celle du sublime et de l'idéal.

Toile. Haut. 1m,77 ; larg. 2m,23.

70. — *Enfants du peuple.*

Figures à mi-corps et de grandeur naturelle.

Un enfant, à la physionomie résolue et provocante, serre dans sa main un couteau qu'il montre par le manche, et paraît sommer un de ses camarades de partager avec lui la miche de pain qu'il porte sous son bras. L'enfant menacé se met en garde, et semble décidé à lui tenir tête. Un troisième petit garçon sourit malicieusement à cette querelle. Enfin un quatrième enfant, à la mine souffreteuse, au corps chétif et demi-nu, se réfugie derrière le provocateur, comme dans l'espoir de profiter de son butin, s'il est le plus fort.

C'est la nature prise sur le fait, tant par la vérité de coloris et le naturel des poses que par le jeu et l'expression animée des physionomies, d'un type tout espagnol.

Gravé dans RÉVEIL, t. 2, pl. 117.

Toile. Haut. 0^m,57; larg. 1^m,85.

71. — *Mater Dolorosa.*

La Vierge a la tête couverte d'un long voile blanc qui retombe sur sa poitrine. Elle lève les mains dans une attitude de contemplation douloureuse; une navrante tristesse est peinte sur sa figure.

Toile. Haut. 0^m,81; larg. 0^m,62.

MURILLO (ATTRIBUÉ A).

72. — *Sacrifice d'Abraham.*

Isaac, les mains liées derrière le dos, devant le bûcher de l'holocauste, attend l'accomplissement du sacrifice. Abraham, qui tient son fils par la tête, a déjà levé son glaive pour l'immoler, lorsqu'un ange descendu du ciel arrête son bras.

Toile. Haut. 1^m,19; larg. 1^m,78.

MURILLO (ECOLE DE).

73. — *Saint François en extase.*

Le saint, en habit de cordelier, et livré à tous les transports de l'extase, est à genoux au milieu de sa cellule. Un ange lui apparaît et lui tend les bras.

Toile. Haut. 1^m,94; larg. 1^m,36.

74. — *Adoration des bergers.*

La Vierge, assise, vient de soulever le voile qui couvrait l'Enfant-Jésus, pour l'offrir aux regards des bergers et des femmes qui s'empressent de venir lui rendre hommage. Un groupe d'anges plane au dessus de l'enfant divin, et chante le *Gloria in excelsis.*

Dans ce tableau, qui est peint avec énergie, il y a beaucoup d'étude, à la fois, de Murillo et de Rubens.

Toile. Haut. 2^m,50; larg. 3^m,10.

75. — *Même sujet.*

Jésus repose couché sur un peu de paille recouverte d'un linge blanc. La Vierge, saint Joseph et les bergers sont prosternés devant lui.

Toile. Haut. 1^m,00; larg. 1^m,65.

76. — *Même sujet.*

La Vierge découvre l'Enfant-Jésus pour le montrer à l'admiration des bergers agenouillés devant lui.

Toile. Haut. 2^m,85; larg. 1^m,71.

LLANO Y VALDO (D. Sébastien de).

Contemporain de Murillo.

77. — *Ensevelissement du Christ.*

Le corps du Christ repose au pied de la croix; sa tête est soutenue par la Vierge et par saint Jean. Madeleine, prosternée devant lui, baise sa main, et montre, d'un geste éploré de douleur, le sang qui jaillit de la plaie de sa poitrine. Deux vieillards sont debout derrière Madeleine. L'un d'eux tient une tablette où est tracée, en caractères hébraïques et latins, l'inscription suivante : *Jesus Nazarenus rex Judeorum.*

Composition à la fois savante et naïve, empreinte d'un sentiment poignant d'onction religieuse. — On lit au bas du tableau : — *D. Sebastien de Llano y Valdo F. Anno* 1667.

Toile. Haut. 2^m,00; larg. 2^m,35.

SOLIS (Don François de).

Né à Madrid en 1629, mort en 1684.

78. — La Sainte-Famille et plusieurs Saints.

La Vierge, asssie sur un trône décoré de marbres précieux et élevé près d'un portique qui donne sur la campagne, présente l'Enfant-Jésus, revêtu d'une robe de franciscain, à un religieux de cet ordre, qui lui baise les pieds. Saint André portant sa croix, saint Étienne tenant une pierre à la main, sont debout aux deux côtés du trône. Derrière la Vierge on aperçoit saint Joseph et sainte Anne.

Tableau d'un beau ton de couleur et d'une exécution facile.

Toile. Haut. 2^m,76; larg. 1^m,78.

GOMEZ (Sébastien).

Dit le *Mulâtre de Murillo*.

79. — Saint François.

Il est représenté à mi-corps, les mains croisées sur la poitrine, les yeux baissés sur une croix. Une tête de mort est devant lui.

Toile. Haut. 0^m,62; larg. 0^m,82.

80. — Autre saint François.

Le saint, vu à mi-corps, fixe les regards sur le ciel; sa figure exprime le recueillement de la contemplation.

Toile. Haut. 0^m,70; larg. 0^m,58.

81. — Portrait d'homme.

C'est celui d'un jeune homme vu en buste et enveloppé dans un manteau noir. Sa tête est nue, ses cheveux retombent négligemment sur ses joues, son regard est fixe et sérieux.

Toile. Haut. 0^m,59; larg. 0^m,46.

82. — Un Saint.

Vu à mi-corps, la tête nue et inclinée en avant, les cheveux tombant sur les épaules, il relève son manteau sur sa poitrine; ses traits accusent la souffrance.

Toile. Haut. 0m,80; larg. 0m,60.

Ces quatre tableaux de Séb. Gomez sont d'une facture différente. Les deux premiers se recommandent par la vigueur de la touche et la beauté du modelé. Le portrait est d'une exécution très caressée. Le quatrième rappelle plus fidèlement encore la manière et le faire de Murillo, dont Séb. Gomez était l'élève.

MENESÈS OSORIO (François).

Élève de Murillo.

83. — Vision d'un Saint.

Un saint personnage est à genoux et en prière devant la Vierge, qui lui apparaît, vêtue d'un long manteau blanc, une couronne sur la tête et un sceptre à la main. Quatre anges qui font de la musique et une multitude de chérubins escortent la reine des cieux.

Ce tableau se recommande par un pinceau facile et moelleux et par un excellent ton de couleur.

Toile. Haut. 1m,68; larg. 2m,10.

HERRERA LE JEUNE (François).

Né à Séville en 1622, mort en 1685.

84. — Moïse frappant le rocher.

Moïse, debout, les yeux levés au ciel, remercie le Seigneur du miracle qu'il vient d'opérer; derrière lui se tient son frère Aaron en costume de grand-prêtre. Déjà l'eau jaillit en abondance du rocher; les Hébreux en remplissent leurs vases. Un vieillard tend sa cruche pleine à une vieille femme qui boit à longs traits avec une avidité extrême, tandis que son enfant, debout à côté d'elle, attend impatiemment son tour. Une autre fem-

— 29 —

me, dont l'attitude annonce un grand abattement, n'a pas la force de se lever. Au loin, on aperçoit le camp des Hébreux.

Toile. Haut. 2m,6; larg. 5m,3.

85. — *Les Hébreux recueillant la manne.*

Moïse, debout, suivi de son frère Aaron, montre aux Hébreux la manne qui tombe du ciel. Sa verge miraculeuse est étendue devant lui; son regard rayonne de joie et d'inspiration. Une longue barbe blanche descend majestueusement sur sa poitrine. Un homme et une femme, prosternés à ses pieds, tendent vers lui des mains suppliantes. A la suite du législateur se groupent des hommes, et des femmes portant des enfants, qui semblent ne pas encore s'apercevoir du miracle. Cependant, de l'autre côté de la composition, les enfants d'Israël remplissent déjà leurs vases et leurs paniers de la nourriture céleste. Dans le fond, on distingue les tentes du camp des Hébreux.

Toile. Haut. 2m,6; larg. 5m,68.

86. — *L'Adoration du veau d'or.*

En l'absence de Moïse, que l'on aperçoit dans l'éloignement, sur le mont Sinaï, les enfants d'Israël ont élevé le veau d'or sur un piédestal au milieu de leur camp. Tous, hommes, femmes et enfants, prosternés devant l'idole, joignent les mains et tendent les bras en signe d'admiration.

Toile. Haut. 2m,8; larg. 4m,4.

87. — *La Multiplication des pains.*

Jésus, entouré de ses disciples et assis au pied d'un grand arbre sur le versant d'une montagne, s'apprête à bénir les cinq pains et les deux poissons que lui présentent un homme et un enfant agenouillés. Le peuple qu'il va nourrir est assis sur l'herbe, par groupes épars et multipliés. Le Christ semble se recueillir avant de consommer le miracle que les apôtres attendent avec un calme religieux.

Toile. Haut. 2m,49; larg. 5m,84.

88. — *Les Noces de Cana.*

Le banquet est dressé dans une salle somptueusement décorée. Le moment choisi par le peintre est celui où la Vierge avertit son fils que le vin vient à manquer. La réponse du Christ préoccupe et tient attentifs tous les convives. Près d'un buffet garni de beaux vases se dresse une estrade occupée par des musiciens.

Herrera le jeune fut un des plus célèbres peintres à fresque de l'Ecole espagnole. On retrouve dans ses tableaux tout l'effet grandiose de la peinture murale, une ordonnance magistrale dans la composition, une distribution logique et savante des groupes et des personnages, une grande fierté dans la pose et dans la tournure de ses figures, une exécution large, solide, vigoureuse. Les tableaux que nous venons de décrire résument avec éclat l'ensemble de ces éminentes qualités.

Toile. Haut. 2^m,44; larg. 4^m,12.

CARRENO DE MIRANDA (Jean).

Né dans les Asturies en 1614, mort en 1685.

89. — *Saint Ambroise faisant l'aumône aux pauvres.*

Le saint, en habits épiscopaux et assisté de deux acolytes, dont l'un porte sa croix, dépose une pièce de monnaie dans la sébile que lui tend un estropié appuyé sur sa béquille. Un enfant le tire par le pan de son manteau, comme pour attirer sur lui son attention. D'autres pauvres, assis ou debout, implorent par leurs gestes ou leurs physionomies suppliantes la charité du saint évêque.

On retrouve dans ce tableau toutes les qualités que Quillet attribue à son auteur dans le *Dictionnaire des peintres espagnols :* un dessin large et pur, un coloris vague et suave, une touche pleine de franchise et une grande facilité d'invention qu'il dut aux études nombreuses qu'il fit des œuvres de Van Dyck.

Toile. Haut. 2^m,47, larg. 2^m,07.

CEREZO (Mathieu).

Né à Burgos en 1637, mort en 1685.

90. — *Les Disciples d'Emmaüs.*

Jésus, assis à une table recouverte d'une nappe, tient dans sa main gauche un pain qu'il bénit de la main droite. A cette action du Seigneur, ses deux disciples le reconnaissent et sont saisis d'admiration.

Couleur chaude et dorée ; exécution facile, grasse et empâtée.

Toile. Haut. 1^m,4 ; larg. 1^m,20.

CAMPROBIN (Pierre de).

Florissait à Séville vers 1660.

91. — *Concert d'oiseaux.*

Un hibou est perché sur un livre de musique ouvert et suspendu par deux rubans à une branche d'arbre ; il semble diriger un orchestre d'oiseaux qui chantent ou voltigent autour de lui.

Scène traitée avec esprit et vérité.

Toile. Haut. 1^m,24 ; larg. 1^m,40.

VALDÈS LÉAL (Jean de).

Né à Cordoue en 1630, mort en 1691.

92. — *Le Mariage de la Vierge.*

Le peintre a placé la scène dans un temple dont le fond présente plusieurs arceaux soutenus par des pilastres, devant lesquels s'élève un autel décoré de colonnes en marbre blanc, à chapiteaux dorés. Le grand-prêtre, revêtu de ses habits pontificaux, est debout sur la dernière marche de l'autel ; il tend la main à la Vierge, qui s'avance en portant sur saint Joseph un regard plein de bonté. Celui-ci, debout, un lis à la main, tourne la tête vers un ange qui lui montre le Saint-Esprit planant sous la forme d'une colombe. Sainte Anne, saint Joachim et d'autres parents de la Vierge assistent à la cérémonie. Deux jeunes lévites tiennent des cierges allumés.

Cette gracieuse composition, disposée avec goût, et d'une grande simplicité d'exécution, rappelle encore par les airs de tête le caractère de l'École de Murillo.

Toile. Haut. 1^m,75 ; larg. 2^m,28.

ANTOLINEZ DE SARABIA (François).

Élève de Murillo, mort en 1700.

93. — La Vierge et l'Enfant.

Assise contre une balustrade, la tête ornée d'un léger voile qui retombe avec grâce sur son corsage, la Vierge Marie soutient l'Enfant-Jésus couché sur ses genoux. L'heureuse mère échange avec son divin fils des regards remplis de tendresse.

Le faire d'Antolinez, surtout dans les carnations, qui sont d'une admirable fraîcheur, rappelle tout à fait le style, le goût et le sentiment de couleur de Murillo.

Toile. Haut. 1^m,50; larg. 1^m,7.

94. — Paysage pastoral.

Entre un massif de grands arbres et les restes d'un aqueduc en ruines, se présente une vaste étendue de montagnes arides qui masquent l'horizon. Sur le premier plan, une femme à cheval, tenant un enfant, et un homme monté sur un cheval blanc, marchent derrière un troupeau de brebis conduit par un pâtre.

Toile. Haut. 1^m,6; larg. 1^m,30.

95. — Autre Paysage pastoral.

Dans un site entièrement entrecoupé de hautes montagnes semées d'une végétation rare et sauvage, une jeune fille tenant un enfant par la main s'avance vers un pâtre qui garde trois brebis.

Toile. Haut. 1^m,6; larg. 1^m,30.

Ces deux paysages, d'une couleur très harmonieuse, sont exécutés avec une surprenante prestesse de touche, et frisent de très près les ouvrages de Murillo.

MORALÈS (LE FRÈRE FRANÇOIS).

Né dans l'une des îles Tercères en 1660, mort en 1720.

96. — Saint Paul.

L'Apôtre des Gentils, accoudé sur un livre, est assis au pied d'un grand arbre. Il tient une plume à la main; son épée, recouverte de son manteau rouge, repose entre ses genoux ; une barbe touffue descend sur sa poitrine. Dans le fond, le peintre a représenté la chute de l'Apôtre sur le chemin de Damas, Jésus-Christ lui apparaissant au milieu des anges.

Morceau d'un style libre et décidé, inspiré des grandes peintures de fra Bartolomeo.

Toile. Haut. 3m,10 ; larg. 2m,69.

97. — *Saint Pierre.*

Le prince des Apôtres est assis au pied d'un édifice en ruines, la tête appuyée dans ses deux mains. Le coq qui annonça son renîment est perché sur le fût d'une colonne ; un groupe d'anges planant au haut du ciel lui apporte la tiare du suprême pontificat.

Même style et même mérite que le précédent.

Toile. Haut. 3m,62 ; larg. 2m,69.

GERMAN LLORENTE (BERNARD).

Né à Séville en 1685, mort en 1757.

98. — *Sainte Catherine.*

La sainte, richement vêtue et la tête ceinte d'une couronne, tient une palme et un glaive, instrument de son second martyre.

Toile. Haut. 0m,62 ; larg. 0m,49.

TOBAR (ALPHONSE-MICHEL DE),

Né en 1678, mort en 1758.

99. — *Saint Joseph et l'Enfant-Jésus.*

Saint Joseph tient dans ses bras l'enfant Jésus, qui se retourne vers lui d'un air carressant.

Ce charmant tableau est presque digne de Murillo, dont Tabar était l'élève le plus distingué.

Toile. Haut. 0m,40 ; larg. 0m,49.

MAYERTE.

100 et 100 bis. — *Sujets de Chasse.*

Deux tableaux. — Réunion d'oiseaux morts de différentes espèces, mêlés à des filets, boîtes à poudre et autres ustensiles de chasse.

Toile. Haut. 0m,95 ; larg. 0m,72.

MAITRES ESPAGNOLS INCONNUS.

Les tableaux qui suivent sont originaux. N'ayant pu, faute de temps nécessaire aux recherches et aux comparaisons, leur donner avec certitude une attribution, nous avons préféré les laisser à l'appréciation des amateurs, convaincus que tôt ou tard on retrouvera les noms authentiques de leurs auteurs.

101. — *Saint Ignace livré aux lions.* — Le saint, jeté nu dans l'arène, est attaqué par deux lions: L'un lui ronge le crâne ; l'autre en déchirant sa poitrine découvre son cœur, où apparaît l'empreinte miraculeuse des initiales du nom du Christ.

La tête du saint est sublime de foi et de résignation héroïque. De belles qualités de dessin et de couleur recommandent encore cette dramatique composition.

Toile. Haut. 1^m,95; larg. 1^m,87.

102. — *Saint François recevant les stigmates.* — A genoux au milieu d'une solitude profonde, saint François voit apparaître un séraphin tout en feu, et ses mains s'imprègnent aussitôt des stigmates de Jésus-Christ. Morceau d'une énergie de touche qui rappelle les ouvrages de Ricci.

Toile. Haut. 0^m,52; larg. 0^m,65.

103. — *Martyr de saint Sébastien.* — Le saint, attaché à un arbre, est ajusté par des archers, qui tendent leurs arcs contre lui. Deux personnages président à l'exécution. — Ancienne école espagnole.

Bois. Haut. 1^m,15; larg. 0^m,91.

104. — *Sainte Famille.* — La Vierge, saint Joseph et sainte Anne, contemplent l'enfant Jésus endormi dans son berceau.

Toile. Haut. 1^m,21 ; larg. 0^m,95.

105. — *Deux jeunes filles à une fenêtre.* — Une jeune paysanne, accoudée sur la corniche d'une fenêtre ouverte, regarde avec une curiosité naïve quelque chose qui semble exciter sa gaîté. Sa compagne, plus âgée qu'elle,

se retire un peu en arrière, et pose le coin de sa mantille sur ses lèvres pour étouffer son rire prêt à éclater. — Scène traitée avec beaucoup de naturel et d'enjouement, à l'instar d'un ouvrage de Murillo.

Toile. Haut. 1m,17; larg. 1m,03.

106. — Une sainte en habits de religieuse, et le pied sur un dragon, tient d'une main un goupillon, et de l'autre distribue aux pauvres des pains que des anges lui apportent dans des corbeilles. — Ancienne École espagnole.

Bois. Haut. 1m,62; larg. 1m,12.

107. — Deux tableaux : L'Arche sainte portée autour des murs de Jéricho. — Debora rentrant en triomphe dans le camp des Hébreux.

108. — *Adoration des Mages.*

Toile. Haut. 0m,60; larg. 0m,75.

109. — *Ecce Homo.*

Toile. Haut. 0m,58; larg. 0m,50.

110. — *La Madeleine*, vue à mi-corps, par Geldorp.

Bois. Haut. 0m65; larg. 0m,49.

École Italienne.

BAGLIONE (LE CHEVALIER GIOVANNI).

111. — *Un Apôtre.*

Il est vêtu d'une robe verte drapée d'un manteau rouge. Une barbe blanche flotte sur sa poitrine. De la main droite il tient une massue; l'autre repose sur un livre, au dos duquel le peintre a écrit cette signature : *Eques Joannes Biglionus Romanus. F. 1624.*

Figure de proportion colossale et d'un grand caractère.

Toile. Haut. 1^m,33; larg. 0^m,97.

BASSAN (JACOPO DA PONTE, DIT LE).

112. — *Mater dolorosa.*

La sainte Vierge est représentée les mains jointes et les yeux noyés de larmes, dans un extase de prière et de douleur. Sa tête est enveloppée d'un voile blanc qui retombe et se plisse en guimpe sur sa poitrine; un second voile jaunâtre recouvre le premier et descend derrière ses épaules.

La vérité frappante de la couleur, le sentiment poignant de l'expression et la belle énergie d'une exécution savante, font de cette simple figure une des meilleures œuvres du maître.

Toile. Haut. 0^m,66; larg. 0^m,58.

BELLIN (GIOVANI BELLINI).

113. — *La Vierge, l'Enfant-Jésus et saint Jean.*

La Vierge est en oraison; ses mains sont jointes sur sa poitrine. L'Enfant-Jésus, assis sur le pan de son manteau, étendu en guise de tapis sur une table de porphyre, la regarde avec une curiosité enfantine. Saint Jean, à peine vêtu d'une peau d'agneau et les bras croisés sur la poitrine, contemple la mère de Dieu avec la plus tendre émotion. La Vierge a la tête couverte d'un voile blanc qui retombe derrière un manteau bleu doublé de lilas; sa tunique rouge-clair est plissée au corsage.

Malgré quelques légères altérations, ce tableau se recommande à l'attention des amateurs par tous les mérites de qualité et de rareté qui distinguent une œuvre authentique de Jean Bellin.

Sur un petit morceau de papier déployé le maître a tracé ainsi sa signature : JOANNES BELLINUS.

Bois. Haut. 0m,80; larg. 0m,62.

BONINI (GIROLAMO).

114. — *Amours endormis.*

A l'ombre d'un beau massif d'arbres trois Amours se sont endormis, couchés sur une draperie d'un rouge violacé étendue sur le gazon. Leurs arcs et leurs carquois sont déposés à côté d'eux.

On trouverait difficilement une composition qui se rapprochât de plus près du gracieux pinceau de l'Albane, auquel ce tableau a déjà été attribué.

Toile. Haut. 0m,42; larg. 0m,57.

CARAVAGE (MICHELANGIOLO AMERIGHI, DIT LE).

115. — *Mort de saint François.*

Le saint, agenouillé et tombé en défaillance, est secouru par deux anges; l'un le soutient par les bras, l'autre l'appuie contre un tronc d'arbre coupé. Aux pieds du saint on remarque une croix, une tête de mort et des livres.

Ouvrage d'un pinceau ferme et d'un grand effet.

Toile. Haut. 1m,90; larg. 0m,42.

CROCE (JEAN DELLA).

116. — *Adoration des Mages.*

La Vierge présente l'Enfant-Dieu, couché dans sa crèche, à l'adoration des Mages.

Ce tableau est signé : *Johann Nepome della Croce invenit.*

Cuivre. Haut. 0m,40; larg. 0m,58.

CORRÈGE (IMITATION DU).

117. — *Jupiter et Io.*

La fille d'Inachus est assise sur un tertre ombragé d'arbres, vue de dos, la tête penchée en arrière de façon à découvrir son séduisant visage. La nue qui l'enveloppait commence à se dissiper et laisse apercevoir le haut de la figure de Jupiter, qui étreint la jeune fille entre ses bras, dans un transport de volupté.

Quelques personnes attribuent ce tableau à l'un des Carrache; Réveil le cite comme une répétition du maître, citation que nous ne signalons qu'à titre de simple renseignement.

(Voir RÉVEIL, tome 12, pl. 817).

Toile. Haut. 0^m,62; larg. 0^m,46.

DOMINIQUIN (DOMENICHINO ZAMPIERI, DIT LE).

118. — *Paysage.*

Une ville, à moitié masquée par des massifs d'arbres, se montre sur le sommet d'une montagne, soutenue par des rochers à pic. Au pied de la montagne s'élèvent d'élégantes fabriques devant lesquelles une belle cascade tombe dans une rivière qui baigne tout le premier plan. Une barque chargée de musiciens vogue à la surface. Des pêcheurs debout sur la rive retirent leurs filets du fond des eaux. A droite, une paysanne montée sur un âne avec son enfant, passe au pied d'un grand chêne qui domine toute la composition. Dans l'éloignement, des montagnes et une ville sont arrosées par un fleuve qui se détache à l'horizon sous un ciel éclairé par les dernières heures du soleil couchant. Paysage sévère et poétique, encadré dans de grandes lignes, et animé d'élégantes figures qui relèvent encore la beauté du style.

Toile. Haut. 1^m,55; larg. 1^m,93.

GIMIGNANI.

119. — *La Vierge, l'Enfant-Jésus et sainte Rose.*

La Vierge, assise sur des nuages, et soutenue par des anges, présente l'Enfant-Jésus à sainte Rose, qui tend les bras pour le recevoir. Des groupes d'anges et de chérubins se jouent dans le ciel, et contemplent avec admiration cette scène attendrissante. Dans le bas du tableau, un ange assis montre du doigt le fils de Dieu.

L'aspect séduisant de cette composition, la légèreté aérienne de ses groupes d'anges, la grâce naturelle et souriante répandue dans les airs de tête, rappellent les beaux ouvrages de Carle Maratte et du Guerchin, dont Gimignani fut souvent l'émule et le rival.

Toile. Haut. 3m,1; larg. 1m,93.

GIORDANO (LUCA).

120. — *Diogène.*

Figure à mi-corps.

Le philosophe cynique cherche un homme, d'un œil scrutateur, et tenant sa lanterne à la main. Il a la tête couverte d'une grossière étoffe de laine qui retombe à peine sur son corps presque nu.

On a long-temps attribué ce tableau au Titien : c'est assez dire qu'on y reconnaît la touche et le pinceau d'un grand coloriste.

Toile. Haut. 1m,14; larg. 0m,89.

GUERCHIN (FRANCESCO BARBIERI, DIT LE).

121. — *La Vierge et l'Enfant-Jésus.*

L'Enfant-Jésus, dépouillé de ses vêtements, est assis entre les bras de sa mère. Il regarde en face le spectateur, et lève la main droite, comme pour donner la bénédiction. La Vierge est debout devant un mur à hauteur d'appui; sa tête est couverte d'un voile blanc qui retombe sur ses épaules. Ces deux figures se détachent sur un ciel assombri et voilé de nuages. Un rideau violet est relevé à droite du tableau.

Cette charmante composition est d'une séduction irrésistible. A la noblesse des attitudes, à l'idéale beauté des têtes, à l'émail brillant et pur de la couleur, à la suave délicatesse de l'exécution, on dirait que Guerchin a voulu fondre la manière du Guide dans son style, et il y est parvenu sans rien perdre de l'originalité qui lui est propre.

Toile. Haut. 1m,16; larg. 0m,35.

122. — Saint André.

Le saint tient un livre et un poisson. Il contemple avec une résignation douloureuse la croix qui lui présage son martyre.

Peinture savante et solide.

Toile. Haut. 1ᵐ,32; larg. 0ᵐ,92.

123. — Saint Paul.

L'apôtre est debout et vu à mi-jambes. Il tient un livre d'une main, et de l'autre le manche d'une hache. Un manteau blanc se drape à larges plis sur sa tunique.

Figure savamment étudiée et d'un grand caractère.

Toile. Haut. 1ᵐ,40; larg. 0ᵐ,95.

GUIDE (ÉCOLE DU).

124. — Une Sainte.

Elle est vue en buste, presque de profil, la tête ornée d'une couronne et les yeux levés au ciel, qu'elle contemple avec ravissement.

Toile. Haut. 0ᵐ,38; larg. 0ᵐ,28.

125. — La Fortune.

Debout sur sa roue, d'une main elle sème de l'or et des perles, de l'autre elle tient un sceptre et une palme. L'Amour l'arrête par les cheveux.

Toile. Haut. 1ᵐ,63; larg. 1ᵐ,23.

NAPOLITAIN (PHILIPPE D'ANGELI, DIT LE).

126. — L'Hôtellerie italienne.

Des voyageurs sont attablés devant le perron d'une hôtellerie. Deux paysans jouent aux cartes en présence de plusieurs autres, qui suivent avec intérêt les chances de la partie. Une femme debout, portant un enfant, un jeune homme monté sur un âne et deux autres personnages accoudés sur la rampe du perron, complètent cette agréable composition. Exécution légère, touche facile et spirituelle.

Toile. Haut. 0m,77; larg. 1m,12.

PERUZZINI (LE CHEVALIER GIOVANI).

127. — Saint Jérôme.

Le saint est vu à mi-jambes, dans une attitude de méditation recueillie. Il est accoudé, la tête dans sa main, sur un livre ouvert où se lit la signature du peintre : *Joannes Peruzzinus pingebat*, 1666.

Figure d'un dessin correct, d'une exécution facile et d'une étude accentuée d'anatomie.

Toile. Haut. 1,27; larg. 0m,97.

SÉBASTIEN DEL PIOMBO (FRA BASTIANO LUCIANO, DIT).

128. — *Le Christ portant sa croix*.

Le Christ, vu à mi-corps, est courbé sous le poids de sa croix, qu'il soutient d'une main crispée par la douleur. Sa tête est penchée ; de longs cheveux tombent en boucles ondoyantes sur ses épaules ; son front saigne sous les épines de sa couronne. Sa physionomie exprime un ineffable mélange de souffrance, de résignation et de miséricorde.

Ce chef-d'œuvre du plus rare de tous les grands maîtres échappe à toute analyse. Aucune parole ne saurait rendre la simplicité grandiose de son style, la sublimité pathétique de son expression. Jamais le dessin de Michel-Ange ne fut plus fier, jamais celui de Raphaël ne fut plus pur dans le tracé des contours.

La science du modelé est poussée tout aussi loin. Une savante distribution des clairs et des ombres, dégradées en demi-teintes et ravivées par de vifs échos de lumière, produit un effet incomparable. Quant à la facture, elle n'est pas moins admirable : large, simple, puissante dans les masses, elle arrive dans les détails à un fini et à une délicatesse idéales. Rien ne manque à l'authenticité de cette peinture hors ligne, pas même la signature du maître ; et, de plus, elle a l'inappréciable privilège d'une conservation intacte et vierge de toute altération. Il est inutile de faire remarquer que le passage d'un pareil chef-d'œuvre de Sébastien, dans une vente publique est une de ces occasions uniques qui ne se reproduisent peut-être pas deux fois dans le cours d'un siècle. — Ce tableau remarquable est peint sur une épaisse table d'ardoise.

Haut. 1m,3 ; larg. 0m,73.

TINTORET (Jacopo Robusti, dit le).

129. — Portrait d'homme.

Ce portrait est celui d'un noble Vénitien, dont la barbe et les cheveux blancs trahissent seuls la vigoureuse vieillesse. Il est vêtu d'un pourpoint de soie noire et d'un surtout garni de fourrure. D'une main il tient un mouchoir ; l'autre repose sur sa poitrine.

Il est rare de rencontrer des ouvrages du Tintoret d'un pinceau aussi caressé et aussi précieux que celui de ce tableau, dont la noble simplicité, la fraîcheur de coloris et la belle égalité de l'exécution rappellent les plus beaux portraits du Titien. Les mains sont d'une admirable perfection.

Toile. Haut. 1m,11 ; larg. 0m,87.

130. — Le Christ mort.

Un ange soutient le corps du Christ descendu de la croix, et l'enveloppe d'un suaire. La tête de Jésus retombe sur ses épaules ; l'affaissement de son attitude exprime admirablement l'inertie de la mort.

Ce petit tableau, peint avec une expressive énergie et éclairé d'une lumière lugubre, est d'un effet pénétrant de deuil et de tristessse.

Bois. Haut. 0m,52 ; larg. 0m,35.

131. — Le Christ mort.

Le corps de Jésus, dont la blessure saigne encore, est déposé sur un banc de pierre, et soutenu par Joseph d'Arimathie, qui le soulève par les bras avec une pieuse sollicitude.

Cette composition est encore d'un effet singulièrement pathétique.

Toile. Haut. 0m,70 ; larg. 0m,51.

TITIEN (Tiziano Vecellio).

132. — *Le Denier de César.*

Deux pharisiens ayant demandé à Jésus si l'on devait payer le tribut à César, celui-ci se fit présenter une pièce de monnaie frappée au coin du prince, et leur dit en leur montrant le ciel : *Rendez à Dieu ce qui est à Dieu, et à César ce qui est à César.* Cette réponse est le sujet du tableau.

Jésus, vu à mi-corps, est debout; il relève d'une main le pan de son manteau bleu, qui se drape avec goût sur sa tunique rouge. Ses traits sont nobles, et sur son front est empreint le cachet de la sagesse. Le pharisien qui l'interroge a les cheveux courts et la barbe grise; sa physionomie est naturelle, mais elle annonce un caractère de provocation audacieuse. Derrière lui se voit un vieillard coiffé d'un bonnet et portant des lunettes.

Pouvoir signaler ce tableau comme étant du meilleur temps du maître, n'est-ce pas d'un seul mot dire qu'on y retrouve ces carnations vraies et animées, ces belles teintes si fraîches et si harmonieuses, ces figures si expressives et ce grand goût de draperies qui distinguent les chefs-d'œuvre du Titien. Et une preuve que ce prince des coloristes fut lui-même satisfait de son ouvrage, c'est qu'il y a inscrit son nom, qu'il réservait, comme on le sait, à ses œuvres de prédilection. On lit sur une pierre : TITIANVS. F.

Écoles flamande et hollandaise.

ANGERMEYER (Albert).

133. — *Plantes et Reptiles.*

Un lézard guettant une grenouille, et un limaçon, rampent au pied d'un bouquet de noisetiers chargés de fruits.

Cuivre. Haut. 0ᵐ,20 ; larg. 0ᵐ,15.

134. — *Le pendant.*

Une grenouille cherche à saisir une demoiselle au pied d'une tige de fraisier.

Cuivre. Haut. 0ᵐ,20 ; larg. 0ᵐ,15.

BALEN (Henri Van).

135. — *L'Enlèvement des Sabines.*

Sans respect pour les droits sacrés de l'hospitalité, les Romains enlèvent les jeunes Sabines au milieu de la fête de Neptune, à laquelle ils avaient convié leurs voisins. Une mêlée de soldats, de mères suppliantes, de vieillards et de jeunes filles éperdues, s'agite en désordre, par groupes confus et tumultueux.

Cuivre. Haut. 0ᵐ,66 ; larg. 0ᵐ,92.

136. — *Combat des Sabins et des Romains.*

Déjà les deux armées étaient en présence et prêtes à s'attaquer, lorsque les nouvelles femmes romaines se précipitent avec leurs enfants au milieu de l'espace étroit qui sépare encore les deux peuples, et s'exposent aux glaives et aux lances dirigés contre leurs époux. Tous les bras sont levés ; mais un pouvoir surnaturel semble les arrêter.

Cuivre. Haut. 0ᵐ,67 ; larg. 0ᵐ,92.

Van Balen s'est si bien inspiré du génie et du pinceau de Rubens dans ces deux importantes compositions, qu'on croirait y retrouver tout entier le grand peintre flamand.

BENDT (Jean Van der).

137. — *Le Passage du gué.*

Sur le devant d'un paysage dont le point de vue est borné par une chaîne de coteaux couverts d'arbres, des villageois conduisant leurs troupeaux, et une marchande de volailles montée sur sa charrette, s'apprêtent à passer un gué.

Toile. Haut. 0m,85; larg. 1m,13.

BREUGHEL et ROTTENHAMER.

138. — *La Vierge et l'Enfant-Jésus.*

Dans un paysage agreste et fleuri, la Vierge se repose à l'ombre de grands arbres, et donne le sein à l'Enfant-Jésus. Le petit saint Jean s'élance vers elle dans un transport d'amour enfantin. Deux petits anges cueillent des fleurs et en remplissent des corbeilles.

Cuivre. Haut. 0m,25; larg. 0m,34.

139. — *Vénus et Adonis.*

Vénus, assise sur un tertre à l'entrée d'une épaisse forêt, cherche à retenir Adonis, qui s'apprête à partir pour la chasse.

Cuivre. Haut. 0m,25; larg. 0m,34.

Ces deux jolis paysages, de la plus précieuse exécution de Jean Breughel, sont encore animés de gracieuses petites figures pleines de vie et admirablement peintes.

CARRÉ (Michel).

140. — *L'Abreuvoir.*

Une paysanne, portant un agneau sous le bras, fait désaltérer un troupeau de vaches, de brebis et de chèvres, dans un ruisseau qui baigne le premier plan du paysage.

Toile. Haut. 0m,37; larg. 0m,44.

DOES (SIMON VAN DER)

141. — *Villageoise conduisant un troupeau.*

Un nombreux troupeau de chèvres et de brebis se repose devant un grand arbre, auprès d'une fontaine où deux petits garçons puisent de l'eau. Derrière eux, une jeune fille tient par la bride un âne chargé de paniers.

Toile. Haut. 0m,35 ; larg. 0m,42.

DORNER.

142. — *Scène militaire.*

Deux soldats représentés à travers l'embrasure d'une fenêtre. L'un écoute chanter son camarade, qui est appuyé sur sa hallebarde renversée.

FRANCE DE LIÉGE.

143. — *Salle d'auberge.*

Un jeune homme lit une gazette à des paysans et à des voyageurs assis près d'une cheminée autour d'une table rustique. Quatorze figures.

Bois. Haut. 0m,42 ; larg. 0m,59.

FYT (JEAN).

144. — *Gibier mort.*

Deux perdrix, des bécasses, des martins-pêcheurs, une caille, et d'autres oiseaux, entremêlés à un cor de chasse, à des gibecières et à un fusil, sont groupés en monceau sur une grosse pierre, au pied d'un tronc d'arbre auquel un lièvre est suspendu par les pattes. Deux chiens veillent sur le gibier : l'un flaire la batterie du fusil, l'autre fait la garde.

Ce tableau est d'une couleur brillante et vraie, et l'habile pinceau qui a rendu le plumage des oiseaux, le poil du lièvre, celui des chiens, dénote un tact d'imitation très remarquable.

Bois. Haut. 0m,91 ; larg. 1m,23.

HEEM (Corneille de).

145. — Des Fruits.

Un verre à vin du Rhin, une grappe de raisins blancs, un citron et des cerises garnissent un plat déposé auprès d'une coupe remplie de fraises. Les deux vases sont placés sur une table recouverte d'un tapis bleu à franges d'or.

Toile. Haut. 0^m,47 ; larg. 0^m,38.

JORDAENS (Jacques).

146. — Un Satyre et deux Faunes.

La tête couronnée de pampres, un vieux satyre presse entre ses doigts les raisins d'une vigne enlacée aux branches d'un arbre. Un jeune faune tend une coupe pour en recevoir le jus, et présente en même temps une bouche avide à la liqueur ruisselante. Derrière lui, un autre faune mord dans une grappe de raisin ; à ses pieds une tigresse allaite ses petits.

Ce tableau a tout l'éclat du coloris de Jacques Jordaens, et depuis près de deux siècles il était attribué à ce maître dans la collection d'où il sort ; cependant nous croyons y reconnaître une exécution plus empâtée et plus robuste que celle du peintre flamand.

Toile. Haut. 2^m,00 ; larg. 1^m,37.

MABEUSE (Attribué a Jean).

147. — La Vierge et l'Enfant-Jésus.

La Vierge tient dans ses bras l'Enfant-Jésus, qui joue avec son voile.

Bois. Haut. 0^m,62 ; larg. 0^m,47.

PALAMÈDES (Genre de).

148. — Scène de conversation.

Un cavalier hollandais accompagne en chantant deux dames qui font de la musique.

Bois. Haut. 0^m,24 ; larg. 0^m,23.

149. — *Le pendant.* (et 148 -)

Un cavalier regarde la partie d'un jeune homme et d'une dame qui jouent aux cartes.

Bois. Haut. 0ᵐ,25 ; larg. 0ᵐ,24.

REMBRANDT (École de).

150. — *Le Maître d'école.*

Un vieux magister de village, à barbe blanche, assis dans un grand fauteuil et appuyé sur sa canne, surveille des enfants occupés à écrire.

Toile. Haut. 0ᵐ,00 ; larg. 0ᵐ,00.

SNAYERS (Pierre).

151. — *Choc de cavalerie.*

Deux détachements ennemis, aux prises sur la lisière d'un bois, se battent avec un égal acharnement; déjà quelques cavaliers se répandent dans la plaine.

Toile. Haut. 0ᵐ,74 ; larg. 1ᵐ,24.

152. — *Marche d'un détachement.*

Des soldats débouchent de tous les côtés par des chemins creux encaissés dans un site de montagnes. Un corps de cavalerie, suivi de fantassins, longe la route qui se déroule sur le premier plan de la composition.

Toile. Haut. 0ᵐ,74 ; larg. 1ᵐ,24.

Ces deux scènes militaires se recommandent par une piquante vérité de mouvements et d'allures, et par la touche spirituelle, vivante et variée, des figures.

TENIERS (David).

153. — *Intérieur d'estaminet.*

Trois fumeurs allument leurs pipes à un réchaud embrasé qui est placé sur un escabeau. D'autres fumeurs boivent devant une cheminée. Huit figures.

Bois. Haut. 0^m,41; larg. 0^m,49.

THULDEN (Théodore van).

154. — *La Mort de Didon.*

Devant la statue d'Énée couchée sur un lit de parade, Didon se perce de son épée en levant au ciel des yeux désespérés et chargés de larmes. La reine de Carthage, dépouillée de ses vêtements, est assise sur un siége doré, aux pieds en javelot et recouvert d'un manteau de pourpre bordé de fourrure. Morceau traité tout à fait dans le goût de Rubens.

Toile. Haut. 1^m,88; larg. 1^m,20.

WILDENS (Jean).

155. — *La Vierge et l'Enfant-Jésus dans un paysage.*

Assise sur une colline, à l'ombre de grands arbres touffus qui indiquent la lisière d'une forêt, la Vierge tient sur ses genoux l'Enfant-Jésus, qui vient de quitter son sein. Des anges et le petit saint Jean-Baptiste présentent leurs hommages au fils de Dieu.

Bois. Haut. 0^m,50; larg. 0^m,78.

TABLEAUX DIVERS.

53. 156. — Sainte-Famille; imitation du Parmesan.

105 157. — Deux vues prises dans des montagnes; genre de Zacht-Leeven.

PORTRAITS EN ÉMAIL

PAR PETITOT.

2,000 – 158. — *Turenne.*

Il est représenté en buste, revêtu de son armure; ses longs cheveux grisonnants retombent sur un rabat de dentelle.

2,000 159. — *Catinat.*

Il a la tête nue, les cheveux négligemment relevés sur son front. Une écharpe de tafetas rose passe sur son armure, en forme de baudrier.

160. — Les tableaux omis au Catalogue seront vendus sous ce numéro.

1,475,221 —

MOSAÏQUE ROMAINE.

400 —

161. — Portrait de Clément XIV, représenté en buste de grandeur naturelle.

BRONZE.

505

162. — Deux Renommées à cheval, sur socle en marbre rouge.

TAPISSERIE DES GOBELINS.

163. — Portrait de Pie VI.
Haut. 0^m,95 ; larg. 0^m,82.

54 —

2 Tableaux provenant du n° 160 — 1,651 —

1,477,381 —

5 p. 0/0 payé par les acquéreurs 73,869 — 05

FIN DU CATALOGUE.

Produit général 1,551,250 — 05

www.ingramcontent.com/pod-product-compliance
Lightning Source LLC
Chambersburg PA
CBHW030053230526
45471CB00003B/1068